글쓴이 이기규

'인권 교육을 위한 교사 모임'과 '인권교육센터 들'에서 활동하면서 어린이들이 스스로를 소중히 여기고 존중하는 교육을 위해 작은 꿈을 키우고 있습니다. 최근, '서울시 어린이 청소년 인권위원'으로 활동하면서 많은 한계 속에서도 어린이 인권에 대한 작은 희망을 발견하고 있습니다. 현재 초등학교에서 교사로 생활하며 어린이들에게 매일매일 많은 것을 배우고 감탄합니다.

쓴 책으로는 어린이 인권을 주제로 한 동화《보름달 학교와 비오의 마법 깃털》《어느 날 우리 집에 우주고양이가 도착했다》《네 공부는 무슨 맛이니?》《손에 잡히는 교과서 - 어린이를 위한 인권》, 그림책《좀 다르면 어때?》《괴물 학교 회장 선거》《깜장 병아리》《쉬운 사회 그림책 1》등이 있습니다.

그린이 심윤정

매번 조금 더 재미있고 유쾌한 그림을 그리려고 고민합니다. 2009년 '한국안데르센상' 은상을 수상했습니다. 그린 책으로는《알았어, 나중에 할게!》《공부가 재밌어?》《아홉 살 게임왕》《고물상 할아버지와 쓰레기 특공대》《도둑맞은 성적표》《바람둥이 강민우》《일학년을 위한 독서 습관》《1분 동생》《물어보길 참 잘했다!》《쉬운 사회 그림책 1》등이 있습니다.

우리 반에 알뜰 시장이 열려요

1판 1쇄 발행 | 2015. 1. 30.
1판 4쇄 발행 | 2021. 5. 27.

이기규 글 | 심윤정 그림

발행처 김영사 | **발행인** 고세규
편집 박은희 | **디자인** 윤소라
등록번호 제 406-2003-036호
등록일자 1979. 5. 17.
주   소 경기도 파주시 문발로 197(우:10881)
전   화 마케팅부 031-955-3100 편집부 031-955-3113~20
팩   스 031-955-3111

ⓒ 2015 이기규, 심윤정

값은 표지에 있습니다.
ISBN 978-89-349-6992-1 74300

좋은 독자가 좋은 책을 만듭니다. 김영사는 독자 여러분의 의견에 항상 귀 기울이고 있습니다.
독자의견전화 031-955-3139 | 전자우편 book@gimmyoung.com
홈페이지 www.gimmyoungjr.com | 어린이들의 책놀이터 cafe.naver.com/gimmyoungjr

이 도서의 국립중앙도서관 출판시도서목록(CIP)은 서지정보유통지원시스템 홈페이지(http://seoji.nl.go.kr)와 국가자료공동목록시스템(http://www.nl.go.kr/kolisnet)에서 이용하실 수 있습니다. (CIP제어번호 : CIP2015001055)

어린이제품 안전특별법에 의한 표시사항
제품명 도서 제조년월일 2021년 5월 27일 제조사명 김영사 주소 10881 경기도 파주시 문발로 197
전화번호 031-955-3100 제조국명 대한민국 ⚠주의 책 모서리에 찍히거나 책장에 베이지 않게 조심하세요.

쉬운 사회 그림책 ❷
정치·경제

우리 반에 알뜰 시장이 열려요

이기규 글
심윤정 그림

주니어김영사

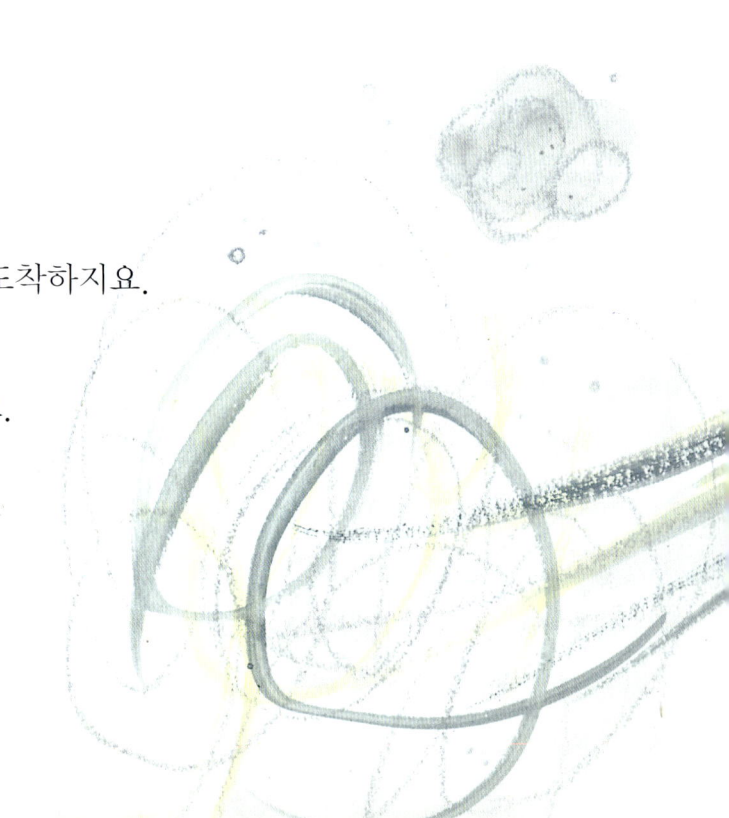

"참새들 안녕!"

학교 가는 길에 하늘이가 참새들에게 인사해요.

참새들도 반갑다는 듯이 '짹짹짹' 인사해요.

하늘이네 집에서 학교까지는 걸어서 5분도 안 걸려요.

달리기를 좋아하는 하늘이가 힘차게 달리면 눈 깜짝할 새에 도착하지요.

"부릉부릉! 하늘이 자동차 출발!"

하늘이는 자동차가 된 것처럼 소리를 내며 달리기 시작했어요.

이제 큰 도로만 건너면 바로 학교예요.

그때 신호등의 초록불이 하늘이를 재촉하듯 깜박였어요.

"좋아, 한번에 건너는 거야!"

하늘이는 속도를 냈어요.

그런데 하늘이가 횡단보도로 들어선 순간
신호등이 빨간색으로 바뀌었어요.
멈춰 있던 차들이 일제히 움직였어요.
부르릉, 끼이익!
파란 자동차가 하늘이를 발견하고 급하게 멈췄어요.
"엄마야!"
하늘이는 깜짝 놀라 그 자리에 주저앉았어요.
가슴이 쿵쿵 뛰고 눈물이 찔끔 나왔어요.

"다친 곳은 없니?"

교통경찰 아저씨였어요. 하늘이는 울 것 같은 얼굴로 고개를 끄덕였어요.

"초록불이 깜박일 때 건너가면 위험해. 횡단보도에서도 지켜야 할 약속이 있단다."

경찰관 아저씨가 미소를 지으며 말했어요.

"지켜야 할 약속이오?"

"초록불일 때 건너고 빨간불일 땐 멈추기, 초록불이 깜박일 땐 다음 신호 기다리기,

왼쪽, 오른쪽을 잘 살피고 건너기. 이건 사람들이 지켜야 할 약속이야.

차들은 횡단보도가 보이면 속도 줄이기, 정지선 지키기, 신호 지키기 같은 약속을 지켜야 해.

약속을 지켜야 모두 안전하게 다닐 수 있겠지?"

하늘이는 교통경찰 아저씨의 말을 듣고

앞으로는 횡단보도에서 약속을 잘 지켜야겠다고 생각했어요.

1-1 학교 1   1. 우리학교

교통 규칙은 차와 사람이 지켜야 할 약속이에요

차와 사람이 지켜야 할 약속에는 어떤 것이 있을까요?

사람은 인도로, 자동차는 차도로 다녀요.

횡단보도에 초록불이 켜지면 좌우를 잘 살피고 길을 건너요.

횡단보도가 아닌 곳에서 함부로 길을 건너면 안 돼요.

어린이가 많이 다니는 곳에서 자동차는 속도를 줄여야 해요.

1-1 학교 1　　1. 우리학교

교통안전 표지판으로 교통 규칙을 알 수 있어요

교통안전 표지판은 교통 규칙을 알기 쉽게 알려 주는 그림이에요.
교통안전 표지판에는 어떤 것이 있을까요?

 이곳은 위험하니 주의하세요.

 자전거 타기 위험한 길이에요.

 이곳은 횡단보도예요.

 어린이가 다치지 않게 자동차가 천천히 다녀야 해요.

하늘이는 경찰관 아저씨의 손을 잡고 무사히 길을 건넜어요.
횡단보도 끝에는 세모 모양의 표지판이 서 있었어요.
표지판에는 아이와 어른이 손을 잡고 가는 그림이 있었지요.
마치 하늘이와 경찰관 아저씨 같았어요.
"아저씨, 저 그림은 무슨 뜻이에요?"
"저건 어린이 보호 구역 표지판이야."
"어린이 보호 구역이오?"
"그래, 차들이 학교 근처를 지나갈 때는
어린이가 다치지 않게 천천히 가야 한다는 약속을
알아보기 쉽게 그려 놓은 거야.
그 외에도 다양한 교통안전 표지판이 있단다."

공사 중이니 조심하세요.

걸어갈 수 없는 길이에요.

자전거는 다닐 수 없는 길이에요.

사람만 다니는 길이에요.

자전거만 다니는 길이에요.

자전거와 사람만 다니는 길이에요.

경찰관 아저씨에게 인사를 한 뒤 하늘이는 학교에 왔어요.
교실로 가는 동안 계단과 복도에 적혀 있는 글씨들이 눈에 들어왔어요.

걸어갈 땐 사뿐사뿐. 수업 중엔 조용히.
복도에서 우측통행. 질서를 지키면 모두가 편안해요.

"학교에서도 지켜야 할 약속이 많네!
이제부터 학교에서도 약속을 잘 지킬 거야."
하늘이는 주먹을 꼭 쥐고 다짐했어요.

1-1 학교 1   1. 우리학교
1-1 학교 1   2. 우리는 친구

학교에서도 지켜야 할 약속이 있어요

학교에서 친구들과 즐겁게 생활하기 위해 지켜야 할 약속에는 어떤 것이 있을까요?

딩동댕동 종소리가 들려요. 학교에서는 9시부터 수업을 시작해요. 수업에 늦지 않게 오는 것도 약속이에요.

수업 시간에는 짝꿍하고 장난치고 싶어도 꾹 참아요. 수업 시간에 열심히 공부하는 것도 약속이에요.

복도에서는 오른쪽으로 사뿐사뿐 다녀요. 뛰거나 장난치면 다칠 수 있으니까요.

점심시간에는 음식을 먹을 만큼만 받아, 남기지 않고 꼭꼭 씹어 먹어요.

교실에 들어온 하늘이는 아침에 있었던 일을 이야기하며
교통질서를 잘 지킬 거라고 친구들에게 큰소리쳤어요.
그때 선생님이 들어오셨어요.
"자, 여러분 오늘은 신나는 소식이 있어요. 다음 주에 알뜰 시장을 열 거예요."
"선생님 그런데 알뜰 시장이 뭐예요?"
하늘이가 손을 번쩍 들고 물었어요.
"알뜰 시장이란 안 쓰는 물건을 가지고 와서 서로 사고파는 곳이에요."
"그럼 안 쓰는 장난감을 가지고 와서 팔아도 되나요?"
"그럼요."
"우아, 재밌겠다."
아이들 얼굴에 웃음꽃이 활짝 피었어요.

1-2 이웃 1　　2. 가게

시장은 왜 생겼을까요?

시장은 물건을 사고파는 곳을 말해요. 만약 시장이 없다면 어떨까요?

맛있는 사과를 하나 사고 싶어도 과수원에 직접 가야 하고, 장난감을 사고 싶어도 장난감 공장까지 직접 찾아가야 하지요.

사과를 팔고 장난감을 파는 사람도 마찬가지예요. 물건을 들고 직접 사람들을 찾아다니며 팔아야 하지요.

그래서 시장이 생겼어요. 시장은 사람들이 사고 싶고 팔고 싶은 물건을 한곳에 모아 놓은 곳이에요. 시장이 현대적인 모습으로 변화된 게 대형 마트예요.

"선생님, 알뜰 시장에서 번 돈은 어떻게 해요?"
하늘이의 물음에 선생님이 대답했어요.
"그래서 오늘 다 같이 회의를 할 거예요.
알뜰 시장에서 번 돈을 어떻게 하면 좋을까요?"
"맛있는 간식을 사 먹어요!"
"함께 읽을 그림책을 사요!"
"어려운 사람들을 도와줘요."
하늘이네 반 친구들은 여러 가지 의견을 냈어요.

민주주의란 무엇인가요?

사람들이 함께 살아가다 보면 해결해야 할 문제가 생겨요. 이럴 때는 어떻게 할까요? 옛날에는 왕이 모든 걸 결정했지만, 오늘날은 그렇지 않아요. 모든 사람이 주인이 되어서 말할 수 있고 함께 해결 방법을 찾기 위해 노력하지요. 이렇게 모든 사람이 주인이 되어서 문제를 함께 해결하는 제도를 '민주주의'라고 해요.

쉬운 예로 반장 선거를 생각해 봐요. 반장이 되고 싶은 친구는 누구나 후보가 될 수 있어요. 반장을 뽑을 때는 반 친구 모두가 참여해서 한 사람이 한 표씩 투표를 해요. 그리고 반장에 뽑혔다고 해서 반장이 모든 일을 마음대로 하는 건 아니에요. 반장은 반 친구들의 이야기를 잘 듣고 함께 문제를 해결하지요.

4-1 사회   3. 민주주의와 주민 자치

회의가 계속되자 의견은 두 가지로 모아졌어요.
알뜰 시장에서 번 돈으로 맛있는 간식을 사 먹자는 의견과
어려운 사람을 돕자는 의견이었지요.
"둘 중에 어떤 걸로 결정해요? 선생님이 정해 주실 거죠?"
하늘이가 물었어요.
선생님은 고개를 가로저었어요.
"여러분이 직접 결정할 수 있는 방법이 있어요."
하늘이는 호기심 어린 눈으로 선생님을 바라보았어요.

"우리가 사용할 방법은 다수결이에요. 의견이 서로 다를 경우 많은 사람의 의견에 따르는 걸 다수결이라고 해요. 어때요, 다수결로 결정할까요?"
선생님 말에 모두 고개를 끄덕였어요.
"자, 그럼 자기가 찬성하는 의견에 손을 들어 주세요. 한 번만 들어야 하니까 잘 생각해야 해요."
하늘이는 선생님 말을 듣고 다시 한 번 고민했어요.
'그래, 결정했어. 어려운 사람들을 도와주는 게 좋겠어!'
하늘이네 반 24명 중 15명이
어려운 사람들을 도와주자는 의견에 손을 들었어요.

의견이 모아지지 않으면 다수결로 정해요

어떤 문제를 해결하기 위해 여러 사람이 생각을 모았지만 쉽게 결정이 나지 않으면 어떻게 해야 할까요?
민주주의에서는 이렇게 서로의 생각이 하나로 모아지지 않아서 어려움을 겪을 때, 다수결이란 방식을 사용해요. 다수결은 가장 많은 사람이 선택한 의견에 따르는 방식이에요.

4-1 사회   3. 민주주의와 주민 자치

4-1 사회   3. 민주주의와 주민 자치

소수 의견에도 귀를 기울여요

많은 사람이 선택한 의견이라고 모두 옳은 것은 아니에요. 그래서 다수결로 어떤 문제를 결정하더라도 적은 수의 사람들의 의견도 잘 살펴야 해요. 적은 수가 선택했어도, 어쩌면 그 의견이 문제를 해결하는 더 좋은 방법일 수도 있으니까요.

맛있는 간식을 먹고 싶었던 친구들은 울상이 되었어요.
"다수결로 어려운 사람을 돕기로 결정했지만
아홉 명의 소수 의견도 소중해요. 뭐 좋은 방법이 없을까요?"
선생님이 물었어요.
그때 하늘이에게 좋은 생각이 떠올랐어요.
"선생님, 알뜰 시장에서 번 돈의 반은 어려운 사람을 도와주고
나머지 반은 간식을 사 먹으면 어때요?"
"맞아, 그런 방법이 있었네."
울상이었던 아이들의 얼굴이 이제야 활짝 개었어요.
"좋은 생각이네. 하늘이 의견에 찬성하는 사람?"
하늘이네 반 아이들이 모두 손을 들었어요.

"이제 알뜰 시장에서 지켜야 할 약속을 이야기해 볼까요."
'시장에서도 지켜야 할 약속이 있구나!'
하늘이는 머릿속으로 시장의 모습을 그려 보았어요.
"좋은 물건을 팔아요."
"차례를 잘 지켜서 사요!"
"다른 사람 물건을 헐뜯지 않아요."
"꼭 필요한 물건을 사요."
"물건 값을 잘 정해요."
"거스름돈을 잘 챙겨요."
"돈을 잃어버리지 않게 지갑에 넣고 다녀요."
너도나도 손을 들고 지켜야 할 것들을 말했어요.
스스로 만든 약속으로 여는 시장, 정말 멋지지요?

집에 돌아온 하늘이는 안 쓰는 물건을 찾아보았어요.
어렸을 때 산 장난감 자동차도 있고
작년에 재미있게 읽었던 그림책도 있어요.
지금도 잘 타고 다니는 자전거도 생각났어요.
작년에 새로 산 연필도 열 자루나 돼요.
"선생님이 안 쓰는 물건을 가져오라고 하셨는데……."
자전거는 지금도 타는 물건이니까 팔면 안 되겠죠?
어떤 물건을 팔면 좋을까요?
하늘이는 곰곰이 생각하다가 드디어 마음을 정했어요.
"그래, 장난감 자동차랑 그림책 그리고 연필로 결정!"

"이제 물건의 가격을 어떻게 정하지?"
하늘이는 장난감 자동차와 그림책, 연필을 보며 골똘히 생각했어요.
"장난감 자동차는 내가 네 살 때 산 거니까 싸게 팔아야지."
"그림책은 아직도 새 책 같으니까 좀 비싸게."
"연필은 정말 새것이니까 그림책보다 비싸게 정하자."
하늘이는 물건을 하나씩 살펴보며 가격을 정했어요.
장난감 자동차는 200원, 그림책은 300원, 연필은 400원이에요.
"이 정도 가격이면 모두 팔릴 거야!"
하늘이는 자신만만했어요.

물건의 가격은 어떻게 정할까요?

우리가 좋아하는 달콤한 아이스크림의 가격은 어떻게 정해질까요?
아이스크림을 만들기 위해서는 우유, 버터, 밀가루 같은 재료가 필요해요. 그리고 아이스크림을 만드는 기계도 필요하지요. 또 만들어진 아이스크림을 사람들에게 알려야 하니까 텔레비전과 신문에 광고도 해야 해요. 그리고 아이스크림을 만들기 위해 일하는 사람들에게 월급도 주어야 하고요.
아이스크림 하나의 가격에는 이 모든 비용이 조금씩 들어 있어요. 이 중에서 한 가지 조건만 달라져도 아이스크림 가격이 달라져요. 예를 들어 목장에서 우유가 적게 생산되면 우유값이 비싸져서 아이스크림 값도 올라가요.
이렇게 상품을 만드는 데 어떤 재료가 들어갔는지, 재료의 가격은 어떤지 등 다양한 조건들이 합쳐져 가격이 정해져요.

1-2 이웃 1　2. 가게
4-2 사회　1. 경제생활과 바람직한 선택

드디어 알뜰 시장이 열리는 날이에요.
하늘이네 반 아이들은 여러 가지 물건을 가지고 나왔어요.
하늘이가 평소에 갖고 싶었던 곰 인형도 보였고,
야구 선수의 사인이 있는 멋진 야구공도 있었어요.
왁자지껄 웅성웅성 정말 시장에 온 것 같았지요.
하늘이는 눈이 커다래졌어요.

"이 야구공 얼마야?"

"응, 300원이야."

"이 모자는 얼마야?"

"응, 400원이야."

하늘이는 마음에 드는 물건을 모두 샀어요.

시장바구니가 금세 가득 찼어요.

"이제 예쁜 곰 인형도 사야지."

그런데 이게 웬일이에요.

엄마가 준 용돈이 하나도 남아 있지 않았어요.

이것저것 사다 보니 꼭 사고 싶었던 곰 인형을 못 사게 된 거예요.

하늘이는 울상이 되었어요.

| 1-2 이웃 1 | 2. 가게 |
| 4-2 사회 | 1. 경제생활과 바람직한 선택 |

물건을 사기 전에는 잘 생각해요

부모님께 받은 용돈을 마구 쓰다가 꼭 필요한 것을 못 사게 될 때가 있죠? 그래서 물건을 사기 전에는 잘 생각해야 해요. 꼭 필요한 물건인지, 오래 쓸 수 있는 물건인지, 좋은 일을 많이 하는 회사에서 만든 물건인지 등을 살펴보세요.

용돈 기입장에 받은 용돈과 쓴 내용을 잘 기록하면 내가 어떻게 돈을 쓰는지 알 수 있어서 용돈을 아껴 쓸 수 있어요.

필요한 데 쓰고 남은 용돈을 잘 모아 두면 나중에 꼭 필요한 것을 살 때 도움이 된답니다.

하늘이도 가져온 물건을 팔기 시작했어요.

"장난감 자동차 씽씽이가 200원!"

"와, 싸다! 내가 살래."

"흥부놀부 그림책이 300원!"

"재밌겠다. 내가 살래!"

친구들이 하늘이의 물건을 사 갔어요.

그런데 연필은 팔리지 않았어요.

"예쁜 연필이 400원!"

아무리 큰 소리로 가격을 말해도 친구들은 거들떠보지도 않았어요.

알고 보니 똑같은 연필을 파는 친구들이 세 명이나 있었어요.

게다가 친구들은 300원에 팔고 있었지요.

'어떡하지?'

하늘이가 곰곰이 생각하다 연필을 들고 외쳤어요.

"예쁜 연필이 200원!"

가격을 내린 덕에 하늘이는 물건을 다 팔았어요.

옆을 보니 친구들이 곰 인형을 팔고 있는 수미 주위에 모여 있었어요.

"와, 곰 인형 예쁘다. 500원에 살게"

"내가 600원에 살래."

"내가 사고 싶어 난 700원!"

친구들이 곰 인형 값을 점점 올렸어요.

수미가 좋아서 함박웃음을 지었어요.

"내 연필은 가격을 내려서 팔았는데, 곰 인형은 가격이 점점 올라가네."

하늘이는 수미가 부러웠어요.

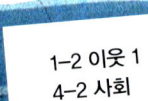

1-2 이웃 1 2. 가게
4-2 사회 1. 경제생활과 바람직한 선택

가격은 언제 내려가고 언제 올라가나요?

물건을 파는 사람은 많은데 사려는 사람이 적으면 어떻게 될까요? 물건이 많기 때문에 사람들은 가격이 더 싼 물건을 사려고 할 거예요. 그래서 물건은 많고 사려는 사람이 적은 경우에는 물건의 가격이 내려간답니다.

반대로, 물건은 하나뿐인데 사고 싶어 하는 사람이 많으면 어떻게 될까요? 더 비싼 돈을 내는 사람에게 물건이 팔리겠죠. 그래서 물건은 적고 사려는 사람이 많은 경우에는 가격이 올라간답니다.

알뜰 시장이 다 끝났어요.
하늘이는 사고 싶었던 곰 인형은 못 샀지만
가져온 물건을 다 팔아서 기분이 좋았어요.
이제 물건 판 돈을 모아서 절반은 어려운 사람을 돕고,
절반은 맛있는 간식을 사 먹을 거예요.
하늘이도 친구들도 기쁜 마음으로
자신이 번 돈을 모았어요.

| 1-2 이웃 1 | 2. 가게 |
| 4-2 사회 | 1. 경제생활과 바람직한 선택 |

어린이도 경제 활동을 해요

경제 활동은 돈을 버는 부모님만 하는 게 아니에요. 어린이도 경제 활동을 해요.
부모님께 받은 용돈을 모아 은행에 저축하면 그 돈이 경제에 도움이 되지요.
군것질을 하는 것도 경제 활동이에요.
물건을 사고파는 것 모두가 경제 활동이기 때문이에요.
또 일을 하는 부모님만 세금을 내는 게 아니에요.
어린이도 세금을 내요. 용돈으로 연필 한 자루를 사는 것도
세금을 내는 일이에요. 연필 한 자루 값에도 세금이 포함되어 있거든요.
우리가 내는 세금으로 나라에서는 도로를 만들고 어려운 사람들을 도와주는 등 국민을 위한 일을 한답니다.

집에 돌아오니 아빠가 장바구니를 들고 하늘이를 반겼어요.
"하늘아, 아빠하고 시장 가자. 오늘은 아빠가 식사당번이야."
"정말? 오늘 저녁 메뉴는 뭐예요?"
"오늘 저녁은 하늘이가 가장 좋아하는 고등어구이!"
"우아, 아빠 최고!"
고등어구이는 하늘이가 가장 좋아하는 음식이에요.
아빠가 만드는 고등어구이는 정말 맛있어요.
하늘이는 신이 나서 아빠와 함께 시장으로 갔어요.

아빠와 장을 보면 정말 신나요!
이것저것 구경하고, 맛있는 음식도 먹을 수 있어요.
시장에서는 정말 많은 물건을 팔아요.
고등어, 갈치 같은 해산물도 팔고
배추, 시금치 같은 채소도 팔아요.
쇠고기, 돼지고기, 닭고기 같은 고기도 팔고
딸기, 사과, 포도 같은 과일도 팔아요.
옷과 신발, 그릇과 장난감까지 없는 게 없어요.

1-2 이웃 1　　2. 가게
4-2 사회　　1. 경제생활과 바람직한 선택

시장의 모습은 다양해요

시장에서는 다양한 물건을 파는 만큼 시장의 종류도 다양해요. 어떤 종류의 시장이 있는지 살펴볼까요?

재래시장

매일 여는 상설 시장, 5일이나 10일마다 열리는 5일장, 10일장 등이 있어요.

대형 마트

큰 건물에서 온갖 종류의 물건을 모두 팔아요.

수산물 시장

생선이나 조개 같이 바다에서 나는 물건을 팔아요.

농산물 시장

곡물이나 채소 등 논밭에서 나는 물건을 팔아요.

꽃 시장

꽃이나 나무, 화분 등을 팔아요.

의류도매 시장

옷을 전문적으로 팔고, 옷감, 실 등 옷을 만드는 데 필요한 재료도 팔아요.

아빠가 고등어 한 마리를 골랐어요.
아빠 팔뚝만 한 아주 큰 고등어예요.
고등어 앞 팻말에는 '노르웨이산'이라고 적혀 있었어요.
"아빠, 노르웨이산이 무슨 말이에요?"
"응, 이건 노르웨이란 나라에서 온 고등어라는 뜻이야."
"이 고등어는 우리나라 게 아니에요?"
"응, 이건 노르웨이에서 수입해 온 거야."
하늘이는 노르웨이가 어디에 있는 나라인지 몰랐어요.
노르웨이에 살던 고등어가 한국까지 헤엄쳐 온 것일까요?
하늘이는 고개를 갸웃거렸어요.

"아빠, 노르웨이 고등어를 어떻게 우리나라에서 살 수 있어요?"
"그거야 우리나라가 노르웨이에서 고등어를 수입해 왔기 때문이지."
"수입? 그게 뭐예요?"
"우리나라에서 필요한 물건을 다른 나라에서 사 오는 걸 말해. 옛날에는 가까운 나라의 물건만 사 왔는데, 요즘은 배나 비행기를 이용해서 아주 멀리 떨어진 나라의 물건도 수입해 올 수 있어."

외국의 물건이 어떻게 우리나라까지 올까요?

필리핀산 바나나, 노르웨이산 고등어를 우리가 쉽게 살 수 있는 이유는 무엇일까요? 바나나와 고등어는 보통 큰 배에 실려 우리나라까지 와요. 바나나 같은 열대 과일은 우리나라로 오는 과정에서 서서히 익을 수 있도록 덜 익은 상태로 배에 실어요. 고등어 같이 쉽게 상하는 음식은 얼려서 냉동 창고에 보관된 채 오지요.
이렇게 큰 배나 비행기로 우리나라에 온 외국 물건들은 다시 자동차와 기차로 우리나라 전국에 있는 시장으로 실려 가요. 이런 과정을 거쳐 우리가 시장에서 손쉽게 외국 물건을 살 수 있는 거랍니다.

1-2 이웃 1   2. 가게
4-1 사회   2. 여러 지역의 생활

| 1-2 이웃 1 | 2. 가게 |
| 4-1 사회 | 2. 여러 지역의 생활 |

무역은 왜 필요할까요?

우리나라에서는 석유가 나오지 않아요.
하지만 사우디아라비아에서는 석유가 많이 나지요.
우리나라는 자동차를 만드는 기술이 매우 뛰어나요.
하지만 사우디아라비아는 자동차를 만드는 기술이 부족하지요.
그래서 우리나라는 사우디아라비아에서 석유를 수입하고,
대신 우리가 만든 자동차를 사우디아라비아에 수출하지요.
이처럼 나라마다 자연환경도 다르고 기술도 달라요.
그래서 물건을 사고파는 무역을 통해 각 나라의 부족한 부분을 채우는 것입니다.

"반대로, 우리나라 물건도 다른 나라에 팔 수 있어. 그건 수출이라고 해."
사람들이 시장에서 물건을 사고파는 것처럼
나라끼리도 물건을 사고판다니 하늘이는 무척 신기했어요.
"나라와 나라 사이에 물건을 사고파는 것을 '무역'이라고 해.
나라끼리 무역을 할 수 있기 때문에 다른 나라의 물건을
우리나라 시장에서 살 수 있는 거란다"
아빠의 설명을 들으니, 하늘이는 멀게만 생각했던
다른 나라들이 아주 가깝게 느껴졌어요.

다음 날 아침, 하늘이와 친구들은 싱글벙글이었어요.
선생님이 알뜰시장에서 번 돈으로
맛있는 간식을 사 오기로 했거든요.
"선생님 오신다!"
아이들이 재빨리 자리에 앉았어요.
선생님이 초콜릿을 한 아름 가지고 들어왔어요.
하늘이와 친구들은 '우아!' 하고 함성을 질렀어요.
선생님은 아이들에게 초콜릿을 하나씩 나누어 주었어요.
"이 초콜릿은 착한 초콜릿이에요."
선생님 말씀에 아이들은 고개를 갸우뚱했어요.

"선생님, 착한 초콜릿이 뭐예요?"
하늘이가 물었어요.
"초콜릿은 카카오 열매로 만들어요.
우리나라에서도 초콜릿을 만들기 위해 카카오를 수입하지요.
그런데 카카오 열매 따는 일을 아이들에게 시키면서
돈을 거의 안 주는 농장이 많아요.
착한 초콜릿은 힘들게 일을 시키지 않고, 일한 만큼 돈을 주는
카카오 농장에서 나온 카카오로 만든 초콜릿이에요.
우리가 착한 초콜릿을 사면 카카오 열매를 따는 아이들이
더 행복해질 수 있어요."
물건을 사면 다른 나라 친구들이 행복해진다니 신기했어요.
하늘이와 친구들은 착한 초콜릿 같은 물건이
더 많아지면 좋겠다고 생각했어요.

1-2 이웃 1	1. 이웃
4-2 사회	1. 경제생활과 바람직한 선택

공정 무역이 좋아요

하늘이네 선생님이 사 온 '착한 초콜릿'처럼 일한 만큼 정당한 돈을 주고 물건을 수입해 오는 것을 공정 무역이라고 해요.

공정 무역에서는 아무리 값이 싸도 어린이에게 강제로 일을 시켜서 만든 물건은 수입하지 않아요. 또 세상 모든 사람이 일한 만큼 돈을 받을 수 있도록 관심을 가지고 있어요. 이렇게 수입한 물건을 '착한 초콜릿', '착한 커피' 등으로 부른답니다.

하늘이의 경제 활동 지도

하늘이네 동네가 한눈에 보이는 지도예요. 어린이도 경제 활동을 한답니다.
어린이들은 어디에서 경제 활동을 하는지, 하늘이네 동네를 돌아보며 함께 알아봐요.

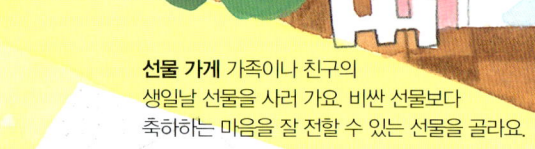

선물 가게 가족이나 친구의 생일날 선물을 사러 가요. 비싼 선물보다 축하하는 마음을 잘 전할 수 있는 선물을 골라요.

은행 용돈을 저금하러 가요. 저금통에 모으는 것도 좋지만, 내 이름으로 된 통장을 만들어 통장 안에 차곡차곡 돈을 저축하면 정말 뿌듯해요.

대형 마트 부모님과 장을 보러 가는 곳이에요. 여러 가지 물건을 한곳에서 살 수 있어요. 마트에서는 쇼핑 카트로 장난을 치면 위험하니 조심해야 해요.

시장 부모님과 장을 보러 가는 곳이에요. 과일 가게, 옷 가게, 반찬 가게 등 여러 가게가 모여 있어요. 곳곳을 둘러보는 재미가 있고 물건 값을 흥정할 수 있어요.

편의점 과자, 음료수 같은 먹을거리, 칫솔, 치약 같은 생활에 필요한 물건과 간단한 약품을 팔아요. 편의점은 항상 열려 있는 가게예요.

문구점 연필이나 지우개 같은 준비물을 사러 가요. 예쁜 것보다 오래 쓸 수 있는 것을 고르는 것이 중요해요.

분식집 맛있는 떡볶이, 튀김 등을 먹으러 가요. 맛있다고 잔뜩 사 먹다 보면 용돈을 다 쓸 수 있으니 주의해야 해요.

돈의 종류

지폐 종이로 만든 돈이에요. 종이로 만들었지만 다른 종이보다 질기고 잘 찢어지지 않아요. 우리나라에는 1천 원, 5천 원, 1만 원, 5만 원짜리 지폐가 있어요.

수표 수표는 은행에 돈을 맡긴 개인이나 회사가 발행하는 문서예요. 보통 돈과 같은 가치를 지녔고 10만 원 이상의 큰돈을 간편히 쓸 때 사용해요.

신용 카드 물건 값을 나중에 낼 수 있도록 만든 카드 형태의 돈이에요. 당장 돈이 없어도 신용 카드로 물건을 살 수 있어요. 카드로 계산한 금액은 정해진 날짜에 신용 카드 회사에 내요.

동전 금속으로 만든 동그란 돈이에요. 우리나라에는 10원, 50원, 100원 500원짜리 동전이 있어요.

〈쉬운 사회 그림책〉 시리즈

막막한 통합교과, 그림책으로 쉽게 배워요!

초등 1~2학년 어린이들에게 사회를 쉽게 만들어 주는 책으로,
통합교과 전 과목에 흩어져 있는 내용을
그림책 안에 하나의 이야기로 담았습니다.

쉬운 사회 그림책 ❶ 문화·지리
할아버지 댁에 놀러 가요
이기규 글 | 심윤정 그림 | 60쪽 | 10,000원

하늘이는 오늘 엄마가 그려 준 지도를 보고 혼자 삼촌 집에 찾아가요. 그리고 삼촌과 함께 기차를 타고 할아버지 댁에 놀러 가지요. 하늘이와 함께 여행하면서 지도 읽는 법, 우리나라 지형, 주거 형태, 가족의 형태, 전통문화, 다른 나라의 문화까지 쉽게 알 수 있어요.

★ 직접 오리고 붙여 보는 '우리 동네 지도'가 들어 있어요

쉬운 사회 그림책 ❷ 정치·경제
우리 반에 알뜰 시장이 열려요
이기규 글 | 심윤정 그림 | 60쪽 | 10,000원

하늘이네 반에서 알뜰 시장이 열려요. 알뜰 시장에서 번 돈으로 무엇을 할지 반 친구들이 모두 모여 다수결로 정하고, 각자 집에서 팔 물건을 골라 가져오지요. 직접 물건을 팔아 보면서, 가격이 결정되는 원리, 합리적인 소비, 무역을 하는 이유까지 쉽게 알 수 있어요.